JEAN-BOB NAWEJ A KAPEND

LES BATAILLES DE LA NUIT

JEAN-BOB NAWEJ A KAPEND

LES BATAILLES DE LA NUIT

Dans l'obscurité, lorsque le monde est calme

Éditions Croix du Salut

Imprint

Any brand names and product names mentioned in this book are subject to trademark, brand or patent protection and are trademarks or registered trademarks of their respective holders. The use of brand names, product names, common names, trade names, product descriptions etc. even without a particular marking in this work is in no way to be construed to mean that such names may be regarded as unrestricted in respect of trademark and brand protection legislation and could thus be used by anyone.

Cover image: www.ingimage.com

Publisher:
Éditions Croix du Salut
is a trademark of
Dodo Books Indian Ocean Ltd. and OmniScriptum S.R.L publishing group

120 High Road, East Finchley, London, N2 9ED, United Kingdom
Str. Armeneasca 28/1, office 1, Chisinau MD-2012, Republic of Moldova, Europe
Managing Directors: Ieva Konstantinova, Victoria Ursu
info@omniscriptum.com

Printed at: see last page
ISBN: 978-613-7-36345-4

LES BATAILLES DE LA NUIT

NAWEJ A KAPEND Jean Bob

3

ÉPIGRAPHE

" *Dans le silence de la nuit, lorsque les corps reposent et que les esprits s'éveillent, s'engagent les luttes qui façonnent nos destinées. Ce sont dans ces heures obscures que Dieu parle, guide et protège, révélant Ses promesses et Ses instructions.* "

NAWEJ A KAPEND Jean Bob

DEDICACE

En reconnaissance de leurs sacrifices démesurés et de leur amour infini, je dédie ce modeste travail à :

Ma chère épouse, UMBA KANAMA DORIS, ainsi qu'à mes parents biologiques, mes enfants, mes frères et sœurs, tant biologiques que spirituels. Votre soutien, vos conseils et votre contribution inestimable ont été une source de force tout au long de ce projet.

Que Dieu vous bénisse en vous accordant prospérité, paix, bonheur et une longue vie.

NAWEJ A KAPEND Jean Bob

AVANT PROPOS

C'est avec une profonde gratitude que je dédie ce livre, « *Les Batailles de la Nuit* », à ceux qui ont éclairé mon chemin et soutenu mon parcours. À mes chers parents, qui, par leurs ferventes prières et leur amour indéfectible, ont façonné ma vie et m'ont encouragé à poursuivre mes ambitions. Leur rôle dans mon existence est inestimable, et je leur rends hommage pour tout ce qu'ils ont donné.

À ma tendre épouse, UMBA KANAMA Doris, dont la force spirituelle et le soutien moral ont été des piliers inébranlables dans les moments les plus sombres. Son engagement et ses prières constantes m'ont guidé et inspiré tout au long de ce voyage.

Je souhaite également exprimer ma reconnaissance à mes précieux enfants, qui, par leur amour et leur soutien affectif, apportent une joie inestimable à ma vie. À mon Pasteur, KAYUMBA MULEKA CELESTIN, visionnaire de l'Église Missionnaire Camps de Dieu, dont les conseils et l'accompagnement spirituel ont éclairé mes pas.

Mes frères et sœurs biologiques, ainsi que mes compagnons dans la foi, ont aussi joué un rôle essentiel dans la réalisation de cet ouvrage. Leur soutien moral, spirituel et leurs encouragements ont été une source de bénédiction continue.

À tous les héros dans l'ombre, ceux qui œuvrent silencieusement pour le bien-être des autres, je prie pour que le Seigneur vous couvre de Ses bénédictions. Que cet ouvrage soit non seulement une réflexion sur les luttes spirituelles que nous rencontrons, mais aussi une inspiration pour chacun de vous dans vos propres batailles de la nuit.

Que la lumière de la vérité brille sur vous alors que nous œuvrons ensemble pour édifier le Corps du Christ.

NAWEJ A KAPEND Jean Bob

RÉSUME

« **Les batailles de la nuit** » explore la puissance et la profondeur des moments passés dans l'obscurité, où les corps reposent et les esprits s'éveillent. Dans ces heures silencieuses, se cachent de vastes victoires et des révélations divines. À travers des récits bibliques captivants, ce livre nous rappelle que Dieu communique souvent dans la nuit, apportant des instructions précieuses et des protections contre les complots invisibles de nos ennemis.

Chaque chapitre révèle comment des figures emblématiques de la Bible, comme Jacob, Joseph et Moïse, ont reçu des messages et des directives cruciales pendant la nuit. De l'éveil spirituel à la prise de décisions stratégiques, « **Les batailles de la nuit** » nous invite à reconnaître l'importance de rester attentifs aux paroles de Dieu, même lorsque notre corps repose. C'est pourquoi le monde profane nous dit : « la nuit porte conseil ».

En vous plongeant dans ce livre, vous découvrirez comment les inspirations peuvent fleurir dans le silence nocturne et comment il est possible de transformer les luttes de la nuit en opportunités de croissance et de victoire. Préparez-vous à être équipé pour affronter les défis de votre vie avec une sagesse renouvelée et une clarté divine.

TABLE DES MATIERES

ÉPIGRAPHE..3

DEDICACE 5

AVANT PROPOS..7

RÉSUME 9

TABLE DES MATIERES 11

INTRODUCTION 13

Chapitre 1 : CONCEPTS DE BASE....................................15

Chapitre 2 : LES GENERALITES SUR LA NUIT 27

Chapitre 3 : LES BATAILLES DE L'ÂME 35

Chapitre 4 : L'HISTOIRE DES RÊVES BIBLIQUES 40

Chapitre 5 : LA NUIT COMME MÉTAPHORE SPIRITUELLE
....44

Chapitre 6 : LA PRIÈRE NOCTURNE 49

Chapitre 7 : L'INFLUENCE DES ÉCLIPSES SPIRITUELLES
....53

Chapitre 8 : LA NUIT EN LITTÉRATURE RELIGIEUSE 58

Chapitre 9 : LES ANGES ET LES DÉMONS PENDANT LA
NUIT 64

Chapitre 10 : CÉLÉBRATIONS NOCTURNES DANS LES
TRADITIONS RELIGIEUSES 69

Chapitre 11 : LA SCIENCE DU SOMMEIL ET DE LA RÉCUPÉRATION SPIRITUELLE 75

Chapitre 12 : LE RÉTABLISSEMENT SPIRITUEL APRÈS LA NUIT 81

Chapitre 13 : L'OMBRE ET LA LUMIÈRE 87

CONCLUSION GENERALE 93

BIBLIOGRAPHIE 95

INTRODUCTION

La nuit... Ce temps mystérieux qui nous enveloppe de son obscurité, évoque à la fois la peur et l'espérance. Pour de nombreux croyants, la nuit est bien plus qu'un simple moment de la journée ; elle est un symbole des luttes spirituelles, des épreuves nécessaires au cheminement de la foi, et des rendez-vous divins cachés dans l'ombre. Dans *Les Batailles de la Nuit*, nous explorons les multiples dimensions de la nuit, en la considérant comme un espace de transformation, de révélation et de rédemption.

À travers les pages de ce livre, nous plongeons dans la richesse des significations spirituelles de la nuit, en découvrant comment le silence de l'obscurité peut devenir un champ de bataille où s'affrontent le doute et la foi, le désespoir et l'espérance. Chaque chapitre aborde des concepts fondamentaux, tels que l'éveil spirituel, le pouvoir de la prière nocturne et la symbolique profonde des rêves, tout en mettant en lumière l'importance de la communauté et de la méditation pendant les heures sombres.

Nous examinerons également comment la nuit a été un cadre pour les révélations divines à travers les Écritures, où Dieu se prépare à parler dans le calme et l'intimité. Les récits bibliques nous rappellent que, dans les ténèbres, se trouve toujours la promesse du matin, un symbole de résurrection, de renouveau et de guérison. La célèbre étoile du matin, que l'on retrouve dans la révélation divine, éclaire la façon dont le Christ apporte espoir et lumière aux âmes perdues.

Plus qu'une exploration de la nuit, ce livre propose une réflexion sur les batailles que nous menons au quotidien, invitant chaque lecteur à reconnaître la puissance spirituelle qui réside dans l'obscurité. Les chapitres sont conçus pour encourager une prise de conscience des luttes internes que nous combattons tous, tout en offrant des clés pour surmonter les défis et embrasser la lumière qui surgit inévitablement après la nuit.

À travers Les Batailles de la Nuit, nous découvrirons ensemble que même lorsque les ténèbres semblent dominer, l'espérance du matin rappelle la promesse inébranlable de la présence divine. Alors que vous parcourez ces pages, ouvrez votre cœur et votre esprit, et permettez à la lumière de se frayer un chemin au travers des ombres, révélant ainsi la beauté du chemin vers la rédemption et la paix intérieure.

Bienvenue dans ce voyage de lumière et de ténèbres, où chaque bataille de la nuit nous mène un pas plus près de la révélation de l'amour et de la grâce divins.

Chapitre 1 : CONCEPTS DE BASE

Dans la vie humaine, les concepts de « *bataille* » et de « *nuit* » prennent une signification particulière. Ces notions sont souvent liées aux luttes intérieures et extérieures que chaque individu traverse. Ce chapitre vise à établir des fondations solides pour comprendre ces concepts dans un cadre religieux et théologique, en mettant en lumière leur interconnexion et leur pertinence dans notre quête spirituelle.

I.1. LA NUIT

La nuit est souvent perçue comme une période d'obscurité et d'incertitude. Dans de nombreuses traditions religieuses, elle symbolise le temps où les âmes sont confrontées à leurs peurs et à leurs doutes. La nuit peut également représenter un moment de réflexion spirituelle, où l'on cherche la lumière intérieure.

Plusieurs Auteurs ont proposé leur definition de la nuit à travers le temps :

- ***Sigmund Freud*** évoque la nuit comme un symbole des désirs refoulés et des subconscients. Selon lui, la nuit est un espace où les pensées cachées prennent vie, révélant des angoisses que l'on tente de masquer durant la lumière du jour.[1]

- ***Friedrich Nietzsche*** décrit la nuit comme un état de désespoir mais aussi de créativité, où les vérités profondes et souvent douloureuses émergent. Il voit dans la nuit un temps d'auto-réflexion nécessaire pour transcender les illusions de la lumière.[2]

- ***Antoine de Saint-Exupéry***, Dans son livre "***Le Petit Prince***", Il évoque la nuit comme une période de contemplation et de paix. Il souligne la beauté des étoiles, représentant les espoirs et les rêves accessibles seulement dans l'obscurité.[3]

La nuit, pour moi, est un espace de dualité, où l'obscurité et la lumière coexistent. Elle est à la fois une toile de fond pour les peurs et les inquiétudes, mais aussi un sanctuaire pour la contemplation et l'introspection. Dans cet entre-deux, les vérités cachées de notre existence émergent, nous poussant à nous confronter à nos désirs, nos luttes et nos espoirs.

---

[1] Freud, Sigmund. *Die Traumdeutung* (La signification des rêves). 1900.

[2] Nietzsche, Friedrich. *Also sprach Zarathustra* (Ainsi parlait Zarathoustra). 1883-1885.

[3] Saint-Exupéry, Antoine de. *Le Petit Prince*. Édition originale : 1943.

A. SIGNIFICATION DE LA NUIT DANS LA BIBLE

Dans la Bible, la nuit est souvent décrite à la fois de manière littérale et symbolique :

- *Création :* Dans Genèse 1:5, Dieu appelle la lumière *"jour"* et les ténèbres *"nuit"*. Ici, la nuit est un aspect fondamental de la création divine.

- *Moments de Révélation :* Des événements marquants, comme les révélations de Dieu à Moïse, se produisent souvent dans des contextes nocturnes (Exode 3).

- *Symbolisme du Mal :* La nuit est souvent associée aux forces du mal et de la tentation. Comme mentionné dans Éphésiens 6:12 : "Car nous n'avons pas à lutter contre la chair et le sang, mais contre les dominations, contre les autorités, contre les princes de ce monde de ténèbres." Ce passage souligne l'idée que la nuit, avec son obscurité, est un symbole des défis spirituels et des luttes contre des forces invisibles et malveillantes.

- *Moment de Peur et de Danger :* La nuit est également perçue comme un moment de peur, où les dangers peuvent surgir. Ses ténèbres cachent souvent des craintes irrationnelles et des menaces potentielles, rendant l'atmosphère plus lourde et incertaine. Les récits bibliques décrivent souvent la nuit comme un temps propice aux épreuves et aux angoisses.

- ***Temps de Grandes et Longues Batailles :*** De plus, la nuit est un temps où se déroulent certaines des plus grandes et des plus longues batailles. Un exemple emblématique est le combat de Jacob avec un ange, qui s'est déroulé toute la nuit (Genèse 32:24-30). Cet affrontement symbolise une lutte spirituelle intense, où Jacob désire une bénédiction et un changement de son identité. Ce combat nocturne illustre comment la nuit peut être le théâtre de luttes internes et de transformations significatives.

B. SIGNIFICATIONS SPIRITUELLES DE LA NUIT

B.1. Temps de Transition

Spirituellement, la nuit est considérée comme un temps de transition et de transformation. Elle représente les épreuves que l'on traverse avant de parvenir à un nouvel état de lumière ou de compréhension.

Je vois la nuit comme un temps de transformation. C'est souvent dans l'obscurité que se produisent des changements significatifs. Les épreuves que nous traversons durant cette période peuvent devenir des catalyseurs de croissance personnelle et spirituelle, nous menant à une meilleure compréhension de nous-mêmes et du monde qui nous entoure.

B.2. La Nuit comme Temps des Amours

La nuit, souvent associée à l'obscurité et au mystère, peut également être perçue comme un moment propice aux rencontres et aux amours. Dans le cadre spirituel et littéraire, elle représente un temps d'intimité, de passion et de connexion profonde entre les êtres. Ce concept trouve des échos dans plusieurs traditions, notamment à travers des récits bibliques.

UNE NUIT D'AMOUR : CANTIQUE DES CANTIQUES

Un exemple biblique emblématique de la nuit comme moment d'amour est le **Cantique des cantiques**, aussi connu sous le nom de Cantique de Salomon.

Dans ce livre poétique, la nuit est souvent décrite comme un temps d'intimité entre les amoureux. Par exemple, au chapitre 3, verset 1, il est écrit :

"Sur ma couche, pendant les nuits, j'ai cherché celui que mon cœur aime. Je l'ai cherché, et je ne l'ai pas trouvé."

Dans ce verset, la nuit devient un espace de quête et de désir. La protagoniste cherche l'amour de son cœur, soulignant que la nuit est un moment de réflexion, de passion, et d'espoir.

Elle symbolise également l'éveil des sentiments et des émotions qui prospèrent dans l'obscurité, loin des regards du jour.

SYMBOLISME DE LA NUIT DANS LE CANTIQUE DES CANTIQUES

- **Intimité** : La nuit est synonyme de proximité, permettant aux amants de se retrouver sans les distractions de la lumière du jour.
- **Mystère** : Les ombres de la nuit favorisent un climat de mystère et de séduction qui intensifie les émotions et les désirs.
- **Pérennité de l'Amour** : La nuit dans le Cantique des cantiques transcende le temps ; même lorsque l'obscurité s'installe, le désir et l'amour demeurent vifs.

B.2. Éveil Spirituel

Nombreux sont ceux qui trouvent dans la solitude de la nuit une opportunité de méditation, de prière et d'évangélisation personnelle. La nuit devient un moment propice pour explorer les profondeurs de l'âme.

B.3. La Nuit comme Édouard du Réveil

Des traditions mystiques suggèrent que la nuit est un moment où l'on peut se reconnecter à sa spiritualité, permettant ainsi un *"réveil"* de la conscience et de la foi.

C. SIGNIFICATION HÉBRAÏQUE DE LA NUIT
C.1. Terme Hébreu

Le terme hébreu pour la nuit est לַיְלָה (*laylah*), qui porte diverses connotations :

- *Obscurité :* Dans le contexte hébreu, la nuit est souvent synonyme d'obscurité, tant physique que spirituelle.

- *Temps de Paix :* La nuit est également vue comme un moment de repos et de récupération après le tumulte du jour.

- *Symbolisme de la Présence Divine :* Dans certains psaumes, la nuit est le moment où l'on ressent la présence de Dieu, illustrant que même dans les ténèbres, il y a une lumière spirituelle pouvant guider et rassurer.

I.2. LES BATAILLES

Les batailles, tant physiques que spirituelles, sont des luttes engagées pour une cause ou une conviction. Dans un sens religieux, ces batailles représentent le combat entre le bien et le mal, la foi et le doute, l'espoir et le désespoir.

À travers l'histoire, plusieurs auteurs ont proposé leurs définitions du terme "*bataille*". Par exemple :

- **Carl von Clausewitz** (militaire et théoricien du combat) : Selon lui, la bataille est "*un acte de force destinée à contraindre l'adversaire à exécuter notre volonté*". Pour lui, la bataille est une manifestation directe de la guerre où deux forces s'affrontent dans un cadre déterminé.[4]

- **Sun Tzu** (stratège chinois) : Dans son ouvrage *L'Art de la guerre*, Sun Tzu définit la bataille comme "*l'ultime recours*". Pour lui, le véritable art de la guerre repose sur la capacité à gagner sans engager le combat, soulignant que la bataille est souvent évitée par la stratégie.[5] Une de ses citations célèbres se trouve dans le chapitre 7, intitulé **"L'attaque par le feu"**, où il évoque l'importance de la surprise et de la planification nocturne : "*En général, si les forces ennemies sont supérieures, il faut éviter le combat. Si elles sont inférieures, il faut les attaquer de nuit.*"

- **Miyamoto Musashi** (samouraï et écrivain japonais) : Dans *Le Livre des cinq anneaux*, Musashi affirme que la

---

[4] Clausewitz, Carl von. *De la guerre* (en allemand : "Über den Krieg"). Première édition en 1832.
[5] Sun Tzu. *L'Art de la guerre*. Traduit par Lionel Giles. Éditions Flammarion, 2005.

bataille est non seulement physique, mais aussi mentale et spirituelle. Il insiste sur l'importance de l'état d'esprit et de la préparation personnelle en plus de la force physique.[6]

Ainsi, il est essentiel de reconnaître que le meilleur moment pour remporter la victoire se trouve dans l'engagement dans des batailles nocturnes. Ces affrontements, souvent imprévisibles et stratégiquement avantageux, permettent de tirer parti de l'obscurité pour déstabiliser l'adversaire, tout en exploitant notre propre préparation mentale et spirituelle. La nuit, avec son voile de mystère, devient alors un allié puissant dans la quête de la victoire.

A. DÉFINITIONS SELON LA BIBLE

- **Ancien Testament** : Dans le contexte biblique hébreu, la bataille est souvent vue comme une lutte entre les forces du bien et les forces du mal, comme dans des récits de guerres sacrées où le peuple d'Israël s'illustre. Par exemple, dans **1 Samuel 17**, le combat entre David et Goliath symbolise la lutte contre l'oppression armée par la foi.

---

[6] **Musashi, Miyamoto.** *Le Livre des cinq anneaux*. **Éditions de la Martinière, 2005.**

- **Nouveau Testament** : Dans **Éphésiens 6:12**, l'apôtre Paul déclare : "Car nous n'avons pas à lutter contre la chair et le sang, mais contre les puissances, contre les maîtres de ce monde des ténèbres, contre les esprits méchants dans les lieux célestes." Cette définition transforme la conception de la bataille en l'intégrant dans un cadre spirituel, où la bataille devient un combat contre des forces invisibles.

B. SIGNIFICATION HÉBRAÏQUE DE LA BATAILLE

Le mot hébreu pour bataille est "מִלְחָמָה" **(milḥamah)**, qui évoque des notions de combat, de guerre, et de conflit.

Dans les textes hébraïques, ce terme véhicule l'idée de combat mais aussi celle d'une lutte pour la justice, la survie, et la divine intervention. Ce terme illustre également la lutte spirituelle du peuple d'Israël pour rester fidèle à Dieu face aux adversités.

I.2.1 TYPES DE BATAILLES

- ***Batailles Intérieures :*** Chaque individu fait face à des conflits internes des luttes contre le péché, le doute et l'angoisse. Ces combats, bien que personnels, sont universels dans leur nature.

- ***Batailles Sociales et Morales :*** Ces luttes engagent des communautés face à des injustices, des discriminations ou des oppressions, appelant à un changement et à un alignement sur des principes éthiques plus élevés.
- ***Batailles Spirituelles :*** Ce sont des luttes pour maintenir la foi face aux épreuves, souvent symbolisées par des tentations qui cherchent à ébranler notre croyance et notre engagement.

I.3. L'INTERCONNEXION ENTRE NUIT ET BATAILLES

Il existe une relation intrinsèque entre la nuit et les batailles qui se manifestent dans la vie spirituelle. La nuit, avec son obscurité, représente souvent les défis et les luttes que nous rencontrons. Ces combats constituent des épreuves qui nous forcent à chercher la lumière, à développer notre foi et à affiner notre caractère.

I.3.1 TRANSFORMATIONS À TRAVERS LES BATAILLES NOCTURNES

Les batailles menées dans la nuit nous façonnent. Chaque lutte devient une opportunité de croissance spirituelle. En affrontant nos ténèbres personnelles, nous sortons souvent renforcés, plus sages et mieux préparés à relever de nouveaux défis.

CONCLUSION PARTIELLE

Dans ce premier chapitre, nous avons exploré la signification de la nuit à travers des perspectives bibliques, spirituelles et héraldiques. La nuit, tout en étant un symbole de lutte et d'obscurité, offre des opportunités d'éveil et de transformation. En mettant en lumière la dualité entre les défis nocturnes et les espoirs du matin, nous découvrons une richesse spirituelle. Comment ces concepts fondamentaux se déclinent-ils dans notre vie quotidienne et nos batailles personnelles ?

Chapitre 2 : LES GENERALITES SUR LA NUIT

Dans le vaste tableau de nos vies spirituelles, la nuit se dresse non seulement comme un moment de repos, mais aussi comme une période riche de révélations divines et d'interactions spirituelles. Ce chapitre, intitulé *"Les Généralités sur la nuit"*, explore comment cet espace d'obscurité peut se transformer en un lieu de rencontre intime avec Dieu. À travers les récits bibliques, nous découvrons que la nuit est le cadre privilégié pour des visions divines, des instructions claires, et souvent, des avertissements pour nous guider sur notre chemin.

La profondeur de la nuit ne se limite pas à son silence. Au contraire, elle devient un appel à être attentifs aux murmures de l'Esprit, aux rêves révélateurs et à la protection offerte par notre Créateur. En acceptant cette réalité, nous réalisons que les défis que nous rencontrons pendant les heures sombres sont également des occasions de grande transformation et de croissance spirituelle.

Ainsi, cette introduction nous incite à percevoir la nuit non pas comme un simple vide, mais comme un creuset spirituel où les luttes se mènent, où la prière devient puissance, et où la confiance en Dieu forge notre destinée. Que nous soyons à la recherche de guidance, de protection, ou d'inspiration, la nuit recèle une richesse divine à explorer.

I.1. LA NUIT, UN TEMPS DE REVELATION DIVINE
I.1.1. L'APPEL ET LES INSTRUCTIONS DE DIEU

Dans Genèse 46:2-3, Dieu se révèle à Jacob lors d'une vision nocturne, lui rappelant l'alliance qui le lie à son père Abraham. De même, le livre de Job (Job 33:14-16) témoigne que Dieu parle par des rêves et visions, apportant ainsi des instructions vitales.

I.1.2. LA PROTECTION DIVINE

La nuit n'est pas seulement un temps de révélation, mais aussi de protection. Dans Genèse 20:3, Dieu avertit Abimélec en songe de ne pas toucher à Sara, soulignant comment Il intervient pour protéger ceux qui Lui font confiance.

I.1.3. LA VIGILANCE SPIRITUELLE

Être vigilant en esprit pendant la nuit est crucial. Lorsque le corps se repose, l'esprit doit rester éveillé pour saisir les révélations divines que Dieu souhaite communiquer.

I.2. LES INSTRUCTIONS ET AVERTISSEMENTS DIVINS

I.2.1. DIEU PARLE LA NUIT

Dieu choisit souvent la nuit pour délivrer des messages et des avertissements. Les rêves jouent un rôle essentiel en tant que canaux à travers lesquels Il communique des directives personnelles.

I.2.2. L'IMPORTANCE DE L'ÉCOUTE ACTIVE

Être attentif dans ces moments calmes permet de mieux discerner les instructions divines. La nuit est propice à la contemplation et à la connexion spirituelle, comme en témoigne le récit des rêves de Joseph (Genèse 40:5-23).

I.3. LA LUMIERE DANS L'OBSCURITE

I.3.1. LA FORCE DE LA CONFIANCE

La protection divine repose sur notre confiance en Dieu. En plaçant notre foi en Lui, nous nous mettons sous Sa protection, ce qui est particulièrement important pendant les batailles nocturnes.

I.3.2. LES PROMESSES DIVINES

Dieu établit souvent des promesses durant la nuit, comme le montre Son apparition à Isaac en Genèse 26:24. Ces moments offrent des bénédictions spirituelles, renforçant la foi et la confiance des croyants.

I.4. LUTTES ET VICTOIRES SPIRITUELLES
I.4.1. LA NUIT COMME CHAMP DE BATAILLE

La nuit est également un temps de luttes spirituelles. Jacob, par exemple, lutte avec un homme mystérieux jusqu'à l'aube (Genèse 32:24-28). Ces confrontations nocturnes sont des occasions de transformation et de renforcement de la foi.

I.4.2. PUISSANCE DE LA PRIERE

La prière nocturne, comme celle de Jésus (Luc 6:12), nous engage dans une recherche active de la volonté de Dieu. Ces batailles spirituelles ne sont jamais vaines ; elles portent des fruits pour nous et nos communautés.

I.5. LA NUIT COMME SOURCE D'INSPIRATION
I.5.1. L'INSPIRATION CREATIVES ET REFLEXION

La nuit, souvent liée à l'obscurité, est également un terreau fertile pour la créativité. Des artistes tels que Virginia Woolf et Franz Kafka ont produit des œuvres mémorables pendant ces heures de calme. Les réflexions personnelles et la prière durant la nuit permettent d'explorer des luttes intérieures qui nourrissent le processus créatif.

I.5.2. L'AFFRONTEMENT DES PEURS

Les batailles de la nuit impliquent d'affronter nos peurs et doutes, ce qui peut se transformer en une source d'art, de poésie et de musique, offrant ainsi une perspective authentique sur nos luttes humaines.

I.5.3. L'ESPOIR À TRAVERS LA CRÉATION

Cette période de lutte est aussi un symbole d'espoir et de renouveau, permettant aux artistes d'exprimer l'idée que la lumière viendra après la nuit. Les créations artistiques peuvent devenir un reflet des promesses de Dieu, illustrant la résilience de l'esprit humain face aux défis.

I.5.4. LA FORCE DE LA COMMUNAUTE SPIRITUELLE

Le soutien d'une communauté spirituelle pendant les épreuves nocturnes est essentiel. La prière collective et la communion entre les croyants renforcent notre cheminement et nourrissent notre processus créatif. En partageant nos luttes, nous créons des liens qui nous unissent et nous fortifient dans la foi.

I.6. LES PROMESSES ET BÉNÉDICTIONS NOCTURNES
I.6.1. DES PROMESSES INÉGALES

Les moments passés dans le silence de la nuit peuvent être des occasions pour Dieu de nous rappeler Ses promesses. Dans des passages comme Genèse 26:24, nous voyons comment Dieu utilise la nuit pour révéler Ses intentions et renforcer notre confiance en Ses plans pour notre vie.

I.6.2. LES BÉNÉDICTIONS DU SOMMEIL

Le sommeil est une bénédiction souvent sous-estimée, et la nuit offre un espace pour le repos spirituel et mental. Dans une société qui valorise souvent l'activité continue, il est essentiel de reconnaître que la nuit peut aussi être un temps de renouvellement et de réception des bénédictions divines.

I.6.3. LA FOI EN MOMENT SILENCIEUX

La foi joue un rôle crucial pendant la nuit. Lorsque nous recevons la paix dans nos moments de vulnérabilité, nous renforçons notre rapport à Dieu. La confiance en Lui durant ces heures sombres nous permet d'accéder à une expérience spirituelle enrichissante et à des révélations profondes.

I.7. LA VENUE DU CHRIST COMME UN VOLEUR

Dans la lettre de Paul aux Thessaloniciens (1 Thessaloniciens 5:2), il est écrit que la venue du Seigneur se fera comme un voleur dans la nuit. Cette idée souligne l'imprévisibilité et la soudaineté du retour de Jésus-Christ. Les croyants sont appelés à veiller et à se préparer, car ce moment viendra sans avertissement pour ceux qui ne sont pas vigilants.

La métaphore du voleur évoque non seulement la surprise de son arrivée, mais aussi l'urgence de la préparation spirituelle. Dans un monde rempli de distractions et d'incertitudes, la vigilance est essentielle. Les ténèbres de la nuit symbolisent une période de lutte, où les batailles à mener contre le doute, la peur et l'apathie sont inévitables. Cependant, pour ceux qui attendent avec foi, ce retour est aussi une promesse d'espoir et de rédemption.

Ainsi, dans "*Les Batailles de la Nuit*", nous sommes invités à réfléchir non seulement sur les défis que nous rencontrons, mais aussi sur la certitude que notre Sauveur reviendra. Il est impératif de rester éclairés dans la foi, prêts à accueillir Celui qui vient, peu importe le moment. Que cette attente nous inspire à mener nos batailles avec foi et détermination, car la nuit ne durera pas éternellement.

CONCLUSION PARTIELLE

Ce chapitre a présenté la nuit non seulement comme un temps d'obscurité, mais aussi comme une période de révélation divine et de protection. À travers les instructions divines, la vigilance et la lumière dans l'obscurité, nous avons compris que la nuit peut être un moment d'inspiration et de ressourcement spirituel. Quelles révélations nous attendent encore dans les heures silencieuses de la nuit ?

Chapitre 3 : LES BATAILLES DE L'ÂME

Dans l'obscurité de la nuit, lorsque le monde est calme et que les étoiles éclairent le ciel, une guerre silencieuse se déroule au plus profond de notre être. Ces batailles, souvent inconscientes, ne sont pas seulement des luttes contre des forces extérieures, mais aussi des confrontations avec nos propres âmes. Comme le dit l'écriture : « *L'âme qui pêche, c'est celle qui mourra* » (Ézéchiel 18:20). Cette phrase résonne comme un appel à la vigilance, un avertissement sur les conséquences de nos choix.

1. L'ÂME EN CONFLIT

Le concept d'âme dans la spiritualité et la psychologie est souvent associé à notre essence, notre identité et notre moralité. Les épreuves que nous rencontrons la nuit, symboles de nos peurs et de nos doutes, mettent à l'épreuve notre âme. Chaque tentation, chaque choix moral, nous place à un carrefour où il nous faudra choisir entre la lumière et l'obscurité, entre la vérité et l'illusion.

L'âme humaine, selon la Bible, est précieuse ; elle est à la fois source de vie et reflet de nos actions. En méditant sur la phrase « *L'homme prospère à tous égards, tel que prospère l'état de son âme* » (3 Jean 1:2), nous comprenons que notre bien-être matériel et spirituel est intimement lié à notre état d'âme. Si notre âme est tourmentée par les péchés et les choix destructeurs, notre prospérité sera troublée.

2. LES LIENS SPIRITUELS ET L'IMPORTANCE DU SANG

Au cœur des batailles de l'âme se trouvent des vérités souvent méconnues concernant les liens spirituels qui se forment à travers nos actions et nos choix, en particulier dans le domaine des relations intimes.

Un occultiste, témoignant de son expérience, révèle que chaque acte d'adultère ou d'impudicité, ainsi que tout acte sexuel en dehors des liens sacrés du mariage, représente un sacrifice de sang. Selon lui, à chaque éjaculation, une connexion spirituelle se crée, liant les âmes des partenaires dans une union invisible mais puissante.

Cette union ne se limite pas simplement aux deux individus, mais s'étend également aux influences extérieures. En effet, quiconque s'engage sexuellement avec une personne possédée par de mauvais esprits ouvre une porte : il attire à lui des luttes spirituelles et des démons qui accompagnent la personne en question. Ce phénomène souligne l'importance de la pureté et de la vigilance dans nos relations.

Pour illustrer ce concept, prenons l'exemple d'un jeune homme qui, dans ses rêves, revit des expériences et des luttes qui appartenaient à ses ancêtres, des générations passées. Pourquoi cela se produit-il ? Parce que, selon la compréhension spirituelle, tous sont directement liés par le sang. L'âme, liée à la chair, réside dans le sang (Lévitique 17:11). Les combats et les malédictions des ancêtres peuvent ainsi se transmettre, entravant la vie des générations futures.

Face à de tels défis, il est essentiel de comprendre la puissance de la rédemption par le sang de Jésus-Christ. Ce sang, pur et sans tache, a le pouvoir de couper tous ces liens, d'apporter la guérison et d'apporter la liberté à ceux qui sont enchaînés par des âmes liées aux péchés des ancêtres. En invoquant la puissance de son sang, nous pouvons rompre ces chaînes et sortir victorieux de ces batailles de l'âme, restaurés et libérés pour vivre pleinement la vie que Christ a prévue pour nous.

3. CONFRONTATION AVEC L'OMBRE

La nuit est souvent synonyme d'angoisse et d'isolement. Dans ces moments, il nous est vital de nous confronter à nos ombres intérieures. Les batailles que nous menons peuvent être douloureuses, mais elles sont nécessaires pour notre croissance spirituelle. Ce processus d'introspection, essentiel à notre santé spirituelle, est souvent omis dans notre quête de succès.

Le Psaume 139:23-24 nous invite à prier : « ***Sonde-moi, ô Dieu, et connais mon cœur ; éprouve-moi, et connais mes pensées. Regarde s'il y a en moi une voie de mal et conduis-moi dans la voie de l'éternité.*** » Cette prière nous rappelle que la véritable prospérité commence par une introspection et une repentance sincères. Se libérer de l'influence des ténèbres est un acte courageux qui permet à notre âme de briller.

4. LA RÉDEMPTION ET LA LUMIÈRE

Avoir conscience des luttes de notre âme ne signifie pas sombrer dans le désespoir. Au contraire, cela nous offre une opportunité de rédemption. Dans la nuit la plus sombre, la lumière de la vérité peut percer, apportant avec elle l'espoir et la guérison. Chaque pas vers la lumière est un acte de bravoure dans la bataille pour notre âme.

L'apôtre Paul, dans sa lettre aux Romains (7:15), exprime ce conflit intérieur : « ***Je ne fais pas le bien que je veux, mais je fais le mal que je ne veux pas.*** » Cela illustre la lutte universelle de l'humanité. Reconnaître cette lutte est le premier pas vers la libération. En cherchant à aligner notre volonté avec celle de Dieu, nous permettons à notre âme d'atteindre un état de prospérité réelle.

CONCLUSION PARTIELLE

Ici, nous avons abordé les conflits internes de l'âme, les défis spirituels et les combats invisibles qui se déroulent au sein de chaque individu. L'importance de la rédemption et de la lumière dans ces luttes a été un point central, soulignant que notre combat intérieur peut mener à une transformation profonde. Comment ces combats de l'âme peuvent-ils nous rapprocher davantage de notre vraie destinée ?

Chapitre 4 : L'HISTOIRE DES RÊVES BIBLIQUES

Les rêves ont toujours occupé une place particulière dans la compréhension spirituelle des sociétés, invitant à la réflexion, à l'interprétation et à la révélation divine.

Dans la Bible, les rêves ne sont pas simplement des manifestations de l'inconscient, mais des outils par lesquels Dieu communique avec Son peuple, guide les destinées, et prédit l'avenir. Ce chapitre explore les rêves significatifs présentés dans les Écritures et comment ces expériences oniriques ont façonné des événements majeurs de l'histoire biblique.

1. LE RÊVE DE JOSEPH : UNE PRÉFIGURATION D'UN DESTIN GLORIEUX

Joseph, le fils de Jacob, est l'une des figures bibliques les plus emblématiques associées aux rêves.

Dans Genèse 37:5-11, Joseph fait deux rêves : le premier, où ses gerbes de blé se dressent pendant que les gerbes de ses frères se prosternent devant lui, et le second, où il voit le soleil, la lune et onze étoiles se prosterner devant lui. Ces visions préfigurent la position future de Joseph en Égypte et son rôle de sauveur pour sa famille pendant la famine.

Ces rêves suscitent la jalousie de ses frères, mais ils s'avèrent être des révélations divines annonçant non seulement la gloire de Joseph, mais aussi le plan de rédemption de Dieu pour Israël. Le parcours de Joseph, reliant la trahison à la rédemption, démontre comment un rêve peut traiter des réalités spirituelles et humaines, devenant ainsi un symbole d'espérance.

2. LES RÊVES DE PHARAON : LE RÉVEIL DE L'ÉGYPTE

Les rêves de Pharaon, relatés dans Genèse 41:14-30, témoignent de la souveraineté divine dans les affaires humaines. Après avoir reconnu la capacité de Joseph à interpréter les rêves, Pharaon lui révèle deux visions distinctes : celle des vaches grasses et des vaches maigres, puis celle des épis de blé. Ces rêves annoncent sept années d'abondance suivies de sept années de famine, permettant à Joseph de préparer l'Égypte à ces événements.

L'importance des rêves de Pharaon réside dans leur portée collective. Non seulement ils touchent la vie de Joseph, mais ils ont également des répercussions sur toutes les nations environnantes. Cela illustre comment Dieu utilise les rêves pour avertir et orienter, faisant de Joseph un instrument essentiel dans la sauvegarde d'une nation.

3. LES VISIONS DE DANIEL : COMPRÉHENSION DES TEMPS À VENIR

Daniel est un autre personnage clé dont les rêves et visions façonnent l'avenir d'Israël et des royaumes environnants. Dans Daniel 2:1-49, le roi Nabuchodonosor fait un rêve troublant qui nécessite une interprétation. Daniel, par l'Esprit de Dieu, révèle que le rêve parle des royaumes du monde qui vont se succéder, culminant avec le royaume éternel de Dieu.

Les visions de Daniel contiennent des éléments prophétiques profonds, préfigurant les événements futurs et illustrant le conflit entre les royaumes terrestres et le royaume céleste. Ce chapitre de Daniel démontre la fonction des rêves comme révélateurs du plan divin, érigeant Daniel en un prophète dont les révélations transcendent son époque.

4. LE RÊVE DE PIERRE : UNE NOUVELLE COMPRÉHENSION DU SALUT

Dans le Nouveau Testament, le rêve de Pierre dans Actes 10:9-16 marque un tournant dans la mission de l'Église. Pierre, en prière sur le toit de Simon le tanneur, reçoit une vision d'une grande nappe qui descend du ciel, contenant des animaux impurs. Dieu lui dit de les tuer et de manger, ce qui contrarie profondément ses croyances juives. Cette vision lui révèle que la grâce de Dieu ne se limite pas aux seuls Juifs, mais est offerte également aux Gentils.

Le rêve de Pierre incarne un changement monumental dans la compréhension de l'Église et dans l'expansion du message de l'Évangile. C'est un exemple puissant de la manière dont Dieu utilise des rêves pour élargir notre perception, invitant à la rencontre et à l'ouverture envers d'autres cultures.

CONCLUSION PARTIELLE

Ce chapitre a offert un aperçu des rêves significatifs dans la Bible, révélant leur pouvoir de prophétie et de guidance. Les récits de Joseph, Pharaon, Daniel, et Pierre illustrent comment les rêves participent à un processus divin, nous engageant à prêter attention à nos propres rêves et leur potentiel de révélation. Quels secrets se cachent dans vos propres rêves, en attendant d'être découverts ?

Chapitre 5 : LA NUIT COMME MÉTAPHORE SPIRITUELLE

La nuit, dans la tradition biblique, est bien plus qu'une simple période de repos. Elle représente un univers symbolique riche, souvent liée aux luttes, aux incertitudes, et aux transformations spirituelles.

Ce chapitre examine la nuit comme métaphore spirituelle, en explorant comment les Écritures utilisent cet élément pour éclairer les défis de la foi, les périodes de transition, et la quête de lumière dans l'obscurité.

1. LA NUIT COMME SYNONYME DE LUTTES SPIRITUELLES

La nuit est fréquemment associée aux combats internes et aux épreuves spirituelles. À plusieurs reprises, les personnages bibliques se retrouvent confrontés à des défis pendant la nuit, symbolisant des périodes de crise. Par exemple, dans Psaume 30:5, David déclare : « *Car sa colère dure un instant, mais sa bonté dure toute la vie ; Le soir arrive, et c'est la nuit que l'on pleure, mais le matin vient avec l'allégresse.* » Ce verset montre comment les luttes éprouvantes peuvent se manifester dans l'obscurité de la nuit, mais souligne également l'espérance du matin, symbole de la résurrection et de la rédemption.

L'expérience de Jacob dans Genèse 32:22-32, où il lutte avec un mystérieux adversaire toute la nuit, illustre également cette dynamique. La lutte nocturne de Jacob n'est pas seulement physique mais spirituelle, lui permettant de recevoir une nouvelle identité en tant qu'Israël. Ce récit montre que les luttes nocturnes sont souvent des occasions de rencontre avec Dieu, où l'on est poussé à chercher une bénédiction et à changer profondément.

2. LA NUIT ET LES INCERTITUDES DE LA FOI

Au-delà des luttes personnelles, la nuit symbolise aussi l'incertitude et l'introspection que l'on traverse dans sa relation avec Dieu. Dans Ésaïe 50:10, le prophète mentionne : « *Qui parmi vous craint l'Éternel, écoute la voix de son serviteur ; celui qui marche dans les ténèbres et n'a point de lumière s'attachera à son Dieu.* » Cette image de marcher dans les ténèbres décrit la foi vacillante que certains peuvent éprouver lorsque la lumière de la providence divine semble absente. Les périodes d'obscurité spirituelle amènent souvent des questions profondes, des doutes, et un sentiment d'abandon, incitant les croyants à rechercher une compréhension plus profonde de leur foi.

La nuit devient alors un temps de réflexion et d'évaluation de soi, un moment où l'on doit faire face à des réalités parfois dérangeantes. L'exemple de l'angoisse de Jésus dans le jardin de Gethsémané, où il s'en va prier la nuit avant sa crucifixion (Matthieu 26:36-46), montre comment la nuit peut être le théâtre des luttes intérieures et des incertitudes qui accompagnent des moments décisifs.

3. LA NUIT COMME PÉRIODE DE TRANSITION

La nuit peut aussi servir de symbole de transition, représentant un passage nécessaire vers la lumière. Ce concept est présent dans de nombreux récits bibliques, où la nuit est un moment de préparation pour une révélation ou un changement significatif. Par exemple, dans le livre de l'Exode, les Israélites passent la nuit avant leur délivrance de l'esclavage égyptien ; la nuit qui précède la Pâque est une nuit de transition vers la liberté et la promesse.

De plus, dans Actes 16:25-26, Paul et Silas chantent des louanges et prient lors d'une nuit en prison, juste avant que Dieu ne les libère par un tremblement de terre spectaculaire. Ce récit illustre comment la nuit, lorsqu'elle est remplie de louanges et de confiance, peut mener à des moments de délivrance et à des changements transformateurs.

4. LA LUMIÈRE QUI ÉMERGE DE LA NUIT

Chaque mention de la nuit dans la Bible est souvent suivie de l'espoir d'une lumière nouvelle. Dans Jean 1:5, il est dit : « *La lumière brille dans les ténèbres, et les ténèbres ne l'ont point reçue.* » Cette affirmation de la lumière de Christ qui pénètre les ténèbres souligne le message central de l'Évangile : la promesse que même dans les moments les plus sombres, la lumière divine est toujours présente, prêt à dissiper l'obscurité.

Le prophète Ésaïe évoque également l'espoir de lumière après la nuit : « *Le peuple qui marchait dans les ténèbres a vu se lever une grande lumière ; Sur ceux qui habitaient le pays de l'ombre de la mort, une lumière a resplendi* » (Ésaïe 9:2). Ce passage symbolise l'arrivée de la promesse de Dieu et la venue de la rédemption à travers le Messie.

CONCLUSION PARTIELLE

En explorant la nuit comme une métaphore des luttes spirituelles, nous avons mis en lumière les incertitudes de la foi et les périodes de transition. La lumière qui émerge de l'obscurité incarne l'espoir et la promesse de renouveau. Comment pouvons-nous mieux naviguer dans nos propres nuits spirituelles pour en ressortir transformés ?

Chapitre 6 : LA PRIÈRE NOCTURNE

La prière nocturne est un thème récurrent dans les Écritures et la tradition spirituelle. Dans les moments de calme de la nuit, lorsque le monde se retire et que les soucis du jour s'estompent, il est souvent révélé que la communion avec Dieu devient plus claire et plus profonde.

Ce chapitre explore l'importance de la prière pendant la nuit, en mettant l'accent sur les pratiques de figures spirituelles emblématiques, comme David et Jésus, et en examinant les impacts spirituels de ces moments de dévotion.

1. L'IMPORTANCE DE LA PRIÈRE NOCTURNE

La nuit est un moment propice à la prière pour plusieurs raisons. First, elle offre un refuge contre les distractions du jour, permettant aux croyants de se concentrer pleinement sur leur relation avec Dieu. Dans le silence de la nuit, la voix de Dieu peut se faire entendre plus clairement, et la méditation devient plus profonde.

Dans Psaume 63:6, David déclare : « ***Quand je pense à toi sur mon lit, je médite sur toi pendant les veilles de la nuit.*** » Ce verset illustre comment la nuit devient un temps de réflexion et de connexion spirituelle, un moment pour contempler les merveilles de Dieu et se rappeler de Sa fidélité. La prière dans l'obscurité crée un espace où le cœur peut pleurer, louer et s'humilier devant Dieu sans la peur du jugement.

2. DAVID : UN EXEMPLARITÉ DE PRIÈRE NOCTURNE

David, roi d'Israël et homme selon le cœur de Dieu, est reconnu pour la profondeur de ses prières. Ses Psaumes, souvent écrits dans le crépuscule de sa vie ou le tumulte de la nuit, révèlent son engagement envers la prière nocturne. Dans Psaume 4:8, il prêche : « *Je me couche et je m'endors en paix, car toi seul, Éternel, tu me fais habiter en sécurité.* »

David exemplifie l'acte de se confier à Dieu lors des moments d'incertitude et d'angoisse. Ces instants de prière nocturne sont non seulement une demande d'aide, mais aussi un acte de foi affirmant que Dieu est une source de paix. En se retirant pendant la nuit pour prier, David démontre que la communion avec Dieu est essentielle pour surmonter les adversités.

3. JÉSUS : MODÈLE SUPRÊME DE PRIÈRE NOCTURNE

Le modèle ultime de prière nocturne se trouve dans la vie de Jésus. À plusieurs reprises, les Écritures mentionnent que Jésus se retire pour prier la nuit. Dans Matthieu 14:23, après avoir nourri les cinq mille, il monte sur une montagne pour prier seul. Pendant la nuit, lorsque les disciples luttent sur la mer, il vient à eux, démontrant que la prière est un acte d'alignement avec la volonté de Son Père et une source de force pour sa mission.

À Gethsémané, avant sa crucifixion, Jésus passe une nuit entière en prière intense, suppliant Dieu de prendre ce calice loin de Lui, mais se soumettant toujours à la volonté divine (Luc 22:41-44). Ce moment critique montre comment la prière nocturne lui confère force et clarté, lui permettant d'affronter le chemin de la souffrance. Jésus enseigne par l'exemple que la prière dans les nuits les plus sombres est une préparation pour les défis à venir.

4. LES IMPACTS SPIRITUELS DE LA PRIÈRE NOCTURNE

La prière nocturne a des effets profonds non seulement sur la relation entre le croyant et Dieu, mais aussi sur son bien-être spirituel et émotionnel. Les moments de prière à la lumière des étoiles ou en écoutant le murmure de la brise nocturne permettent une introspection et un lâcher-prise significatifs.

Comme il est déclaré dans Philippiens 4:6-7, « *Ne vous inquiétez de rien ; mais en toutes choses, par la prière et les supplications avec action de grâce, faites connaître vos demandes à Dieu. Et la paix de Dieu, qui surpasse toute intelligence, gardera vos cœurs et vos pensées en Jésus-Christ.* » La prière nocturne devient un canal pour recevoir la paix de Dieu, un réconfort dans les temps de tourments, et une clarté dans les périodes d'incertitude.

De plus, ces moments permettent de libérer les angoisses et de préparer le cœur à accueillir les défis du lendemain. Les promesses divines deviennent plus tangibles lorsque le croyant se tourne vers Dieu lors des veillées nocturnes, intégrant leur foi dans chaque attente et chaque anxiété.

CONCLUSION PARTIELLE

Ce chapitre a souligné l'importance des prières nocturnes comme source de force et de communion avec le divin. Les exemples de David et de Jésus montrent que ces moments d'intimité avec Dieu sont cruciaux pour notre vie spirituelle. Que peuvent encore nous révéler ces instants sacrés de prière dans le silence de la nuit ?

Chapitre 7 : L'INFLUENCE DES ÉCLIPSES SPIRITUELLES

Dans le parcours de la vie spirituelle, les moments de difficulté et de désespoir, que nous pouvons appeler des "*éclipses spirituelles*", sont souvent inévitables. Ces périodes, marquées par l'obscurité et le doute, peuvent sembler dévastatrices. Toutefois, tout comme une éclipse solaire est suivie du retour de la lumière, ces temps de lutte peuvent également mener vers un renouveau profond et une croissance spirituelle.

Ce chapitre examine la signification des "*nights obscures*" dans notre vie spirituelle, en explorant leurs causes, leurs implications, et leur potentiel de transformation.

1. COMPRENDRE LES ÉCLIPSES SPIRITUELLES

Une éclipse spirituelle se produit lorsque notre relation avec Dieu paraît obscurcie par des doutes, des peurs, ou des désillusions. Ces moments peuvent surgir en réponse à des événements traumatiques, une perte, une crise de foi, voire une période d'absence de clarté concernant notre cheminement spirituel. Psaume 77 évoque ce phénomène, lorsque le psalmiste exprime sa confusion : « *Dieu ne peut-il nous donner de l'aide ? Mon âme est pleine de troubles…* »

Ces **"*nights obscures*"** peuvent être vécues comme des périodes d'éloignement de Dieu, où la lumière de Sa présence semble s'éclipser. Les sentiments de désespoir et de désorientation peuvent ébranler notre foi, nous poussant à nous interroger sur la bonté et les promesses de Dieu.

2. LES CAUSES DES ÉCLIPSES SPIRITUELLES

Les raisons qui mènent à des éclipses spirituelles sont variées et complexes. Elles peuvent inclure :

- ***Les Épreuves de la Vie :*** Les défis émotionnels ou physiques, comme la perte d'un être cher, des problèmes de santé, ou des luttes professionnelles, peuvent assombrir notre perspective.

- ***Le Doute et l'Incertitude :*** Lorsque les prières semblent sans réponse, ou que le chemin que nous suivons semble incertain, des vagues de doute peuvent envahir notre esprit.

- ***Le Péché Non Résolu :*** La culpabilité ou l'angoisse liée à des choix contraires à notre foi peut conduire à un sentiment d'éloignement de Dieu, obscurcissant notre vision spirituelle.

- ***L'Isolement :*** La solitude, qu'elle soit choisie ou imposée, peut favoriser l'avènement de l'éclipse spirituelle, nous laissant vulnérables aux doutes et aux peurs.

Ces éléments contribuent à créer une atmosphère où la lumière de la foi semble absente, formant des ombres lourdes sur notre âme.

3. L'IMPACT ET LA SIGNIFICATION DES "NIGHTS OBSCURES"

Bien que les **"nights obscures"** soient douloureuses, elles portent en elles un potentiel de transformation. Ces périodes peuvent agir comme des catalyseurs pour une introspection et un renouvellement spirituel.

A. LA QUÊTE DE VÉRITÉS PROFONDES

Lorsque les ténèbres semblent envahir notre esprit, c'est souvent l'appel à rechercher une vérité plus profonde qui se fait entendre. Ces luttes peuvent nous forcer à reconsidérer ce que nous croyons, à nous plonger dans les Écritures, et à rechercher des passages qui nous rappellent la fidélité de Dieu. Dans Ésaïe 45:3, il est promis : « **Je te donnerai les trésors cachés, et les richesses des lieux secrets.** » Ces périodes de doute peuvent nous ouvrir à une révélation divine nouvelle, à condition que nous persistions dans notre recherche de Dieu.

B. UN APPEL À L'HONNÊTETÉ SPIRITUELLE

Les "nights obscures" nous confrontent souvent à notre humanité, nous incitant à être honnêtes dans notre prière et notre dialogue avec Dieu. Ces moments de vulnérabilité peuvent devenir des catalyseurs pour une authentique communion avec le Créateur. Comme le psalmiste dans Psaume 42:3 exprime sa soif de Dieu, nos cris peuvent s'élever plus fort dans l'obscurité.

C. UN RENOUVEAU ESPÉRÉ

Les épreuves provoquées par des éclipses spirituelles peuvent également produire des fruit de renouveau. À travers les luttes, Dieu œuvre souvent pour forger un caractère plus résilient et plus conforme à Son image. Jacques 1:2-4 nous exhorte à « *regarder comme un sujet de joie les diverses épreuves, sachant que l'épreuve de votre foi produit la patience.* » Ainsi, ces temps difficiles deviennent des opportunités de croissance et de développement spirituel.

4. LA LUMIÈRE APRÈS L'ÉCLIPSE

L'un des messages les plus puissants dans les Écritures est que l'obscurité est toujours suivie de lumière. Dans 2 Corinthiens 4:16-18, Paul dit : « *C'est pourquoi nous ne perdons pas courage ; et si notre homme extérieur se détruit, notre homme intérieur se renouvelle de jour en jour.* » Cela résonne avec l'enseignement que même les périodes les plus sombres peuvent conduire vers un éclat de nouvelle lumière, un renouvellement d'esprit, et un approfondissement de notre foi.

Chaque éclipse spirituelle, si elle est affrontée avec foi et persévérance, peut se traduire par une renaissance de la lumière divine dans notre vie. En fin de compte, ces moments nous rappellent que, même dans l'obscurité, Dieu est présent et actif, travaillant pour notre bien et notre croissance.

CONCLUSION PARTIELLE

Nous avons examiné comment les éclipses spirituelles affectent notre vie intérieure, mettant en lumière les luttes et les renouveaux nécessaires dans notre parcours de foi. Les périodes d'obscurité peuvent être des incitations à la croissance personnelle. Quelles leçons précieuses pouvons-nous tirer des épreuves qui émergent lors de ces éclipses ?

Chapitre 8 : LA NUIT EN LITTÉRATURE RELIGIEUSE

La nuit a toujours occupé une place prépondérante dans la littérature religieuse, symbolisant des luttes intérieures, des épreuves spirituelles, et des moments de révélation divine. À travers les âges, des écrivains et des poètes chrétiens ont exploré les thèmes de la nuit pour articuler des concepts complexes sur la foi, la souffrance, et la lumière spirituelle.

Ce chapitre examine les représentations de la nuit et des combats spirituels dans la littérature chrétienne, en mettant en lumière des figures marquantes telles que John Milton et des écrivains mystiques qui ont contribué à la compréhension spirituelle de cette période de l'obscurité.

1. LA NUIT COMME TERRAIN DE LUTTES SPIRITUELLES

La nuit est souvent dépeinte dans la littérature religieuse comme un symbole de la lutte entre le bien et le mal, illustrant les combats intérieurs des croyants face aux tentations et aux doutes.

A. JOHN MILTON ET "LE PARADIS PERDU"

Dans son chef-d'œuvre *"Le Paradis Perdu"*, John Milton présente la nuit comme un moment chargé de tensions spirituelles. L'œuvre explore la chute de l'humanité à travers la rébellion de Satan, qui choisit l'obscurité plutôt que la lumière divine. Lorsque Satan et ses anges sont expulsés du ciel, la nuit devient un symbole de leur état désespéré.

Milton écrit dans ce contexte : « *La nuit et le Chaos, amis des sortilèges, s'étendent autour de lui ; là où il n'y a ni lumière, ni espérance.* »[7] Cette représentation de la nuit évoque un espace où le mal se complait, symbolisant les épreuves que l'âme humaine traverse lorsqu'elle est éloignée de Dieu.

B. LA NUIT DANS LE POÈME "L'IMITATION DE CHRIST"

Dans *"L'Imitation de Christ"*, attribué à Thomas à Kempis, la nuit est souvent décrite comme un temps de solitude et d'introspection. Ce texte mystique souligne l'importance du silence nocturne pour se rapprocher de Dieu, en permettant aux croyants de quitter les distractions du monde et de se concentrer sur leur propre vie spirituelle. La nuit devient un moment de

---

[7] Milton, John. *Paradise Lost*. Edited by John Leonard, Cambridge University Press, 2005.

réflexion personnelle, présentant les luttes internes qui se déroulent dans le cœur de chaque individu.

2. ÉCRITS MYSTIQUES ET EXPÉRIENCES DE LA NUIT

Des écrivains mystiques ont également utilisé la nuit pour articuler des expériences spirituelles profondes et souvent troublantes.

A. JEAN DE LA CROIX ET "NUIT OBSCURE"

Le mystique espagnol Jean de la Croix explore la nuit comme un chemin vers la purification et l'union avec Dieu dans son poème "***Nuit Obscure***". Pour lui, la nuit représente une période de souffrance et de séparation de Dieu, mais elle est également un passage nécessaire pour atteindre une communion plus profonde.

Il écrit : « ***Dans la nuit obscure de l'esprit, je me suis trouvé sans lumière, et c'est là que je suis enfin tombé amoureux de la Lumière.*** »[8] Sa vision de la nuit souligne que les périodes de crise spirituelle et d'obscurité peuvent mener à une transformation radicale et à une découverte renouvelée de la présence divine.

---

[8] Jean de la Croix. (1991). *Nuit obscure* (A. de Armas, Trad.) (Éd. originale en 1585). Éditions du Cerf.

B. JULIAN DE NORWICH ET "RÉVÉLATIONS DE L'AMOUR DIVIN"

Dans **"Révélations de l'Amour Divin"**, la mystique anglaise Julian de Norwich évoque également la nuit comme un moment de révélation. Elle parle de ses visions, qui se produisent dans des moments de solitude profonde et de silence. Pour Julian, la nuit devient une métaphore de l'attente et de la foi inébranlable, même dans l'obscurité de l'incertitude.[9]

Elle semble faire écho aux luttes de foi de ceux qui cherchent des réponses dans les ténèbres, promettant que la lumière de Dieu finira par percer même les nuits les plus sombres de l'âme.

3. SIGNIFICATION SPIRITUELLE DES THÈMES NOCTURNES

Les représentations de la nuit dans la littérature chrétienne ne sont pas simplement des récits de souffrance ou de désespoir ; elles portent aussi une signification spirituelle riche, témoignant des victoires possibles sur les ténèbres.

---

[9] Julian de Norwich. (1997). *Revelations of Divine Love* (A. C. Spearing, Ed.). Penguin Classics. (Original work published ca. 1395)

A. LA LUMIÈRE DE CHRIST

Au cœur des explorations de la nuit dans la littérature religieuse, il y a toujours l'espoir d'une lumière qui surgit de l'obscurité. La lutte entre la nuit et la lumière illustre les thèmes de la rédemption et de la grâce divine. Dans plusieurs poèmes et écrits, les auteurs soulignent que même dans les périodes d'obscurité, la présence de Christ peut apporter réconfort et illumination.

B. TRANSFORMATION À TRAVERS LA NUIT

Il est également significatif de noter que la nuit dans la littérature chrétienne est souvent associée à des transformations personnelles et spirituelles. Les combats spirituels qui se déroulent dans les ténèbres mènent souvent à une résilience accrue, à une foi renouvelée et à une dépendance totale envers Dieu. Cela encadre la nuit comme un préambule à la croissance spirituelle et à l'épanouissement.

CONCLUSION PARTIELLE

Dans ce chapitre, la nuit a été définie comme un terrain riche pour les luttes spirituelles, renforçant notre compréhension de la dimension mystique de l'obscurité. À travers les écrits mystiques, nous avons exploré la signification spirituelle des thèmes nocturnes. Quelles perspectives inédites la littérature religieuse peut-elle nous offrir sur notre propre expérience de la nuit ?

Chapitre 9 : LES ANGES ET LES DÉMONS PENDANT LA NUIT

La nuit, souvent perçue comme un temps de repos et de réflexion, est aussi un théâtre de batailles spirituelles. Au-delà de l'expérience humaine, des réalités invisibles se déroulent dans les ténèbres, où des forces angéliques et démoniaques se confrontent.

Ce chapitre explore la dimension spirituelle de la nuit, en mettant en lumière la protection divine et les menaces démoniaques, tout en s'appuyant sur des récits scripturaires.

1. LA NUIT COMME CHAMP DE BATAILLE SPIRITUELLE

La Bible établit clairement que la lutte spirituelle ne se limite pas au monde matériel. Dans Éphésiens 6:12, l'apôtre Paul décrit cette bataille : « *Car nous n'avons pas à lutter contre la chair et le sang, mais contre les dominations, contre les autorités, contre les puissances de ce monde des ténèbres, contre les esprits méchants dans les lieux célestes.* » Cette lutte peut atteindre son intensité pendant la nuit, lorsque le silence et l'obscurité prédominent.

L'exemple de l'histoire de Job dans Job 1-2 montre que la nuit peut aussi être un moment où Satan s'emploie à ébranler la foi humaine, le tentant dans ses faiblesses. Dans ce récit, les attaques du diable illustrent que, même lorsque nous dormons, des forces opposées travaillent à détourner les croyants de leur relation avec Dieu.

2. PROTECTION DIVINE PENDANT LA NUIT

Malgré la menace des forces démoniaques, la Bible assure aux croyants la présence protectrice de Dieu, particulièrement dans la nuit. Le Psaume 91 est un témoignage puissant de cette protection : « ***Tu es mon refuge et ma forteresse, mon Dieu, en qui je me confie. [...] Il te couvrira de ses plumes, et tu trouveras un refuge sous ses ailes ; sa fidélité est un bouclier et une armor.*** » (Psaume 91:2, 4).

Les anges jouent un rôle clé dans cette protection. Dans Hébreux 1:14, il est écrit : « ***Ne sont-ils pas tous des esprits au service de Dieu, envoyés pour servir ceux qui doivent hériter du salut ?*** » Au cœur de la nuit, ces êtres célestes veillent sur les croyants, les protégeant des attaques démoniaques et des dangers invisibles.

L'illustration du peuple d'Israël au cours de la nuit de la Pâque (Exode 12) montre aussi comment Dieu, par l'action de son ange destructeur, protège Son peuple en épargnant leurs maisons. Cette image évoque une promesse constante : lors des périodes d'obscurité, Dieu est toujours présent pour ceux qui le cherchent.

3. LES DÉMONS ET LEUR INFLUENCE NOCTURNE

Les démonstrations de pouvoir démoniaque sont fréquentes dans les Écritures, souvent se manifestant dans des contextes de nuit. Dans Marc 1:32-34, il est rapporté que « *le soir venu, après le coucher du soleil, on lui amena tous les malades et ceux qui étaient possédés.* » Ces récits de possession et d'oppression démontrent que les ténèbres sont des moments où les charges spirituelles sont accentuées, et les croyants peuvent ainsi se sentir plus vulnérables à des influences négatives.

Jésus lui-même expose son autorité sur les esprits impurs alors qu'il célèbre une victoire sur les ténèbres. Dans Luc 10:18, il proclame : « *Je voyais Satan tomber du ciel comme un éclair.* » Ce passage révèle que la lutte contre le mal est déjà gagnée, mais rappelle également aux croyants de rester vigilants.

4. LA VIGILANCE SPIRITUELLE

La nuit appelle à une vigilance accrue. Dans 1 Pierre 5:8, l'apôtre écrit : « ***Soyez sobre, veillez ; car votre adversaire, le diable, rôde comme un lion rugissant, cherchant qui il dévorera.*** » Cette exhortation souligne que, même durant la nuit, les croyants doivent être conscients de la présence du mal et prier pour leur protection. La prière devient alors une arme spirituelle dans la lutte contre les forces des ténèbres qui cherchent à nous attaquer pendant nos heures les plus vulnérables.

La vigilance ne doit pas être seulement défensive. L'utilisation de l'autorité que Dieu a conférée aux croyants est essentielle. Dans Jacques 4:7, il est dit : « ***Soumettez-vous donc à Dieu ; résistez au diable, et il fuira loin de vous.*** » Les nuits de prière et de méditation devraient également être utilisées pour déclarer la vérité de la parole de Dieu contre les mensonges et les accusations du diable, affirmant ainsi la victoire du Christ.

CONCLUSION PARTIELLE

Ce chapitre examine comment les forces spirituelles, à la fois angéliques et démoniaques, opèrent dans la nuit. Les dimensions de la bataille spirituelle qui se déroulent dans l'obscurité soulignent l'importance de la vigilance et de la protection divine. Comment ces luttes invisibles façonnent-elles notre compréhension de la lumière et de l'obscurité en tant que réalités coexistantes ?

Chapitre 10 : CÉLÉBRATIONS NOCTURNES DANS LES TRADITIONS RELIGIEUSES

La nuit a une signification profonde dans de nombreuses traditions religieuses à travers le monde. Elle est souvent perçue comme un temps sacré, propice à la méditation, à la réflexion et à la communion avec le divin.

Ce chapitre explore diverses célébrations et rites nocturnes, mettant en lumière la dimension spirituelle et sacrée du temps nocturne.

1. LES CÉLÉBRATIONS NOCTURNES DANS LE JUDAÏSME

1.1. LE SHABBAT

Dans la tradition juive, le Shabbat commence au coucher du soleil le vendredi soir et se prolonge jusqu'à la tombée de la nuit le samedi. C'est un temps de repos et de sanctification, où les familles se réunissent pour des prières, des chants et des repas festifs. Le passage du jour à la nuit symbolise la création divine, où Dieu se repose après les six jours de labeur.

Signification Spirituelle : Ce moment nocturne souligne l'importance de l'arrêt et de la sanctification du temps, offrant aux participants une occasion de se reconnecter à leur foi, à leur famille et à leur communauté.

1.2. YOM KIPPOUR

Yom Kippour, le jour du Grand Pardon, trouve également son sommet dans des célébrations nocturnes. Les rituels commencent la veille, avec un service qui dure toute la nuit, durant lequel les fidèles prient pour le pardon. La première prière traditionnelle, connue sous le nom de Kol Nidré, est chantée au crépuscule et marque le début de cette journée sacrée.

Signification Spirituelle : Cette nuit est consacrée à l'auto-examen et à la repentance, soulignant la nécessité d'affronter ses erreurs et d'aspirer à la réconciliation. Elle incarne l'idée que la nuit, malgré son obscurité, est un moment propice pour chercher la lumière du pardon.

2. LES RITUELS NOCTURNES DANS LE CHRISTIANISME

2.1. LA VEILLÉE PASCAL

La Veillée Pascal, célébrée le Samedi Saint, est l'une des nuits les plus sacrées du calendrier chrétien. Elle commence après le coucher du soleil et comprend la liturgie de la lumière, où la lumière du Christ est symboliquement apportée dans la nuit.

Cette célébration annonce la résurrection de Jésus et est marquée par des baptêmes et des confirmations pendant la nuit.

Signification Spirituelle : La nuit de Pâques est une métaphore de la transition de la mort à la vie, de l'obscurité à la lumière. Elle évoque l'espérance et la victoire de la foi sur le péché et la mort, et souligne la puissance rédemptrice de la résurrection.

2.2. LES VIGILES

Les vigiles, des services de prière nocturne, sont pratiqués dans diverses traditions chrétiennes. Elles impliquent souvent la prière silencieuse, des chants, et parfois des lectures bibliques. Ces veillées peuvent être observées lors de différentes occasions, telles que Noël, la Pentecôte, ou d'autres fêtes importantes.

Signification Spirituelle : Ces moments de prière sont dédiés à l'attente et à la vigilance spirituelle. La nuit devient un cadre pour la méditation sur les merveilles de Dieu et une invitation à se préparer pour les promesses révélées au matin.

3. LES CÉLÉBRATIONS NOCTURNES DANS L'ISLAM

3.1. LE RAMADAN

Le mois de Ramadan, bien que marqué par le jeûne diurne, prend une dimension particulière la nuit, surtout lors des prières de Tarawih. Ces prières, qui se tiennent après la prière d'Isha, sont des moments de communion collective, où les croyants se rassemblent pour prier et lire le Coran.

Signification Spirituelle : La nuit devient un temps d'intimité avec Allah, où la miséricorde et le pardon sont particulièrement présents. C'est une époque de renouveau spirituel, de dévotion et de plus grande proximité avec le divin.

3.2. LAYLAT AL-QADR

Laylat al-Qadr, ou la Nuit du Destin, est une nuit particulièrement sacrée dans le mois de Ramadan, décrite dans le Coran comme « ***meilleure que mille mois*** » (Sourate Al-Qadr, 97:3). Cette nuit est consacrée à la prière, à la méditation, et à l'invocation d'Allah. Les musulmans croient que c'est le moment où le Coran a été révélé au Prophète Muhammad.

Signification Spirituelle : La célébration de Laylat al-Qadr représente un temps d'introspection et de supplication intense. C'est une occasion de demander des bénédictions et des changements dans la vie, soulignant l'idée que la nuit peut être un vecteur de transformation spirituelle.

4. LES RITES NOCTURNES DANS L'HINDOUISME
4.1. MAHA SHIVARATRI

La Maha Shivaratri est une célébration dédiée à Shiva, qui est souvent observée par des nuits de veille et de prière. Les dévots passent la nuit à chanter des mantras, à méditer et à prier, souvent dans des temples ou à domicile. Cette nuit est considérée comme extrêmement propice pour la spiritualité.

Signification Spirituelle : La veille nocturne de Maha Shivaratri symbolise la conquête des ténèbres de l'ignorance, et elle est un moment pour les fidèles de s'engager profondément dans leur pratique spirituelle, allant de la discipline personnelle aux offrandes à la divinité.

CONCLUSION PARTIELLE

Nous avons exploré les célébrations nocturnes à travers différentes traditions religieuses, mettant en évidence la richesse spirituelle et les rituels associés à la nuit. Des rituels en Judaïsme, Christianisme, Islam et Hindouisme révèlent comment les nuits sacrées sont des moments de communion, de confession et de célébration. Quelles sont les spécificités de ces traditions qui peuvent enrichir notre propre expérience spirituelle ?

Chapitre 11 : LA SCIENCE DU SOMMEIL ET DE LA RÉCUPÉRATION SPIRITUELLE

Le sommeil est souvent perçu comme un simple besoin biologique, mais au-delà de sa fonction physiologique, il possède une dimension spirituelle profonde.

Ce chapitre explore l'interaction entre la science du sommeil et la récupération spirituelle, en dévoilant comment le repos physique influence notre santé spirituelle et notre connexion avec Dieu.

1. LE SOMMEIL : UN BESOIN FONDAMENTAL
1.1 LA SCIENCE DU SOMMEIL

Le sommeil est une fonction biologique essentielle qui joue un rôle crucial dans la santé physique et mentale. Au cours des différentes phases du sommeil, le corps se répare, les cellules se régénèrent, et la mémoire se consolide. Les études montrent que le manque de sommeil peut entraîner des problèmes de santé, tels que l'anxiété, la dépression, et une diminution de la capacité cognitive. En fait, une méta-analyse a révélé que le sommeil insuffisant est lié à une augmentation du risque de troubles mentaux.

1.2 LES CYCLES DE SOMMEIL ET LE BIEN-ÊTRE

Le sommeil est composé de cycles alternant entre le sommeil léger, le sommeil profond et le sommeil paradoxal. Chaque phase joue un rôle unique dans la récupération physique et mentale. Le sommeil profond, par exemple, est essentiel pour la récupération physique, tandis que le sommeil paradoxal favorise la régulation des émotions et le traitement des expériences vécues.

2. LE REPOS PHYSIQUE ET LA SANTÉ SPIRITUELLE
2.1 L'IMPORTANCE DU REPOS DANS LES ÉCRITURES

La Bible souligne l'importance du repos sur le plan spirituel. Dans Exode 20:8-11, Dieu ordonne le sabbat comme un jour de repos, un temps pour se ressourcer spirituellement et physiquement. Ce commandement met en avant le principe que le repos n'est pas un luxe, mais une nécessité pour cultiver une relation avec Dieu. En effet, le repos régulier permet aux croyants de se recentrer et de se reconnecter spirituellement.

2.2 LA FATIGUE ET LA DÉCONNEXION SPIRITUELLE

Le manque de sommeil entraîne non seulement des effets physiques négatifs, mais aussi un impact spirituel. La fatigue accumulée peut rendre les individus plus irritables et moins encline à prier ou à méditer. Dans Marc 14:38, Jésus exhorte ses disciples : « *Veillez et priez, afin que vous n'entriez pas en tentation.* » Cette exhortation souligne que le repos spirituel est nécessaire pour éviter de succomber aux tentations. Le lien entre un corps reposé et une âme si paisible est indéniable.

3. LA RÉCUPÉRATION SPIRITUELLE GRÂCE AU SOMMEIL

3.1 LA MÉDITATION ET LE SOMMEIL

La méditation, lorsqu'elle est pratiquée avant le sommeil, peut influencer positivement la qualité de la récupération spirituelle. Les pratiques telles que la prière, la méditation et la lecture de la Bible avant de se coucher préparent le cœur et l'esprit à recevoir la paix de Dieu. Avoir un moment de calme pour réfléchir aux bénédictions de la journée ou pour demander la direction divine peut être apaisant.

Les études montrent que des pratiques de relaxation avant de dormir, comme la méditation, améliorent le sommeil. Une étude dans le Journal of Clinical Psychology a découvert que ceux qui méditent régulièrement rapportent une meilleure qualité de sommeil.

3.2 LE RÉCIT DES RÊVES ET LA RÉVÉLATION SPIRITUELLE

La nuit, en tant que temps de sommeil, est également un moment propice à la révélation spirituelle. Les rêves, souvent considérés comme un moyen par lequel Dieu communique avec les gens, sont influencés par l'état mental et émotionnel du croyant. Dans Job 33:15-16, il est dit : « ***En rêvant, en vision nocturne, quand le sommeil tombe sur les hommes, quand ils dorment sur leur lit, alors il leur donne l'avertissement et il leur ouvre l'oreille.*** » Le sommeil devient ainsi un moment de préparation pour l'écoute de la voix de Dieu.

4. CRÉER UN ENVIRONNEMENT DE SOMMEIL SPIRITUELLEMENT SAIN
4.1 PRATIQUES POUR AMÉLIORER LA QUALITÉ DU SOMMEIL

Pour tirer le meilleur parti de la connexion entre sommeil et spiritualité, il est essentiel de créer un environnement de sommeil propice. Des habitudes comme l'établissement d'un horaire de sommeil régulier, la réduction des écrans avant le coucher, et la création d'un espace calme et confortable favorisent un sommeil de qualité. En intégrant des rituels spirituels, tels que la prière du soir ou la lecture de passages bibliques, on facilite une transition saine vers le sommeil.

4.2 LE SOMMEIL COMME ACTE DE FOI

Enfin, reconnaître le sommeil comme un acte de foi peut enrichir l'expérience spirituelle. En se reposant, on démontre une confiance en Dieu qui pourvoit à nos besoins même lorsque nous ne sommes pas alertes. Dans Psaume 127:2, il est écrit : « ***Il est vain de vous lever de bon matin, de vous coucher tard, de manger le pain des douleurs ; car il en donne à ses bien-aimés pendant qu'ils dorment.*** » Ce verset rappelle que le sommeil est une partie intégrante de notre foi, une acceptation du fait que Dieu contrôle notre avenir.

CONCLUSION PARTIELLE

Ce chapitre a mis en lumière l'importance du sommeil non seulement comme besoin biologique, mais aussi comme voie vers la guérison spirituelle. La science du sommeil souligne comment le repos physique est crucial pour notre bien-être spirituel et mental. Les pratiques de méditation et de création d'un environnement de sommeil sain sont fondamentales pour revitaliser notre esprit. Comment la compréhension du sommeil peut-elle transformer notre approche de la prière et de la méditation ?

Chapitre 12 : LE RÉTABLISSEMENT SPIRITUEL APRÈS LA NUIT

La nuit peut être une période de profondes épreuves spirituelles, mais c'est aussi un temps de transformation, où la lumière divine peut surgir et apporter guérison et rétablissement. Dans ce chapitre, nous explorerons comment surmonter les défis de la nuit et en sortir renforcé spirituellement.

À travers des principes bibliques et des témoignages de transformation personnelle, ce chapitre souligne que même dans les moments d'obscurité, il y a une promesse de lumière et d'espoir.

1. RECONNAÎTRE LA NUIT COMME UNE ÉPREUVE NÉCESSAIRE

La première étape pour surmonter les défis de la nuit est de reconnaître qu'elle fait partie du parcours spirituel. Les Écritures nous rappellent que les épreuves peuvent être des voies d'enseignement et de maturation. Dans Jacques 1:2-4, il est écrit : « *Considérez comme un sujet de joie complète, mes frères, quand vous serez en butte à diverses épreuves, sachant que l'épreuve de votre foi produit la persévérance.* » Ce passage enseigne que les moments d'obscurité peuvent être des occasions de croissance et de renforcement.

Le personnage de Job, qui a traversé des nuits de souffrance intenses, incarne cette vérité. Malgré ses lamentations et son désespoir, Job a finalement reconnu la souveraineté de Dieu et a vu son rétablissement (Job 42:10). Cette reconnaissance que la nuit a sa raison d'être peut ouvrir la voie à une transformation personnelle profonde.

2. L'ENGAGEMENT DANS LA PRIÈRE ET LA MÉDITATION

Un autre aspect essentiel pour surmonter les défis de la nuit est l'engagement dans la prière et la méditation. La prière devient un refuge où l'âme fatiguée peut se confier à Dieu. Dans Psaume 77:1, le psalmiste dit : « *Je crie à Dieu de tout mon cœur ; à Dieu je crie.* » La prière pendant la nuit permet d'exprimer la douleur et les luttes tout en cherchant la réconfortante présence de Dieu.

De nombreuses personnes ont témoigné de l'impact de la prière nocturne sur leur propre cheminement spirituel. Par exemple, Marie, une jeune femme qui a traversé une dépression sévère, raconte comment elle a commencé à prier chaque soir avant de se coucher. « *Il était difficile de voir la lumière au début.*

Mais chaque prière, même si je ne savais pas quoi dire, me rapprochait un peu plus de la paix. J'ai finalement compris que Dieu écoutait mes pleurs et mes soupirs, et cela m'a portée à me relever », explique-t-elle.

3. CHERCHER LA COMMUNAUTÉ ET LE SOUTIEN SPIRITUEL

Surmonter les défis de la nuit est souvent facilité par le soutien d'une communauté. Être entouré de croyants qui partagent des expériences similaires peut apporter encouragement et espoir. Dans Hébreux 10:24-25, il est dit : « *Veillons les uns sur les autres, pour nous inciter à l'amour et aux bonnes œuvres. N'abandonnons pas notre assemblée, comme c'est la coutume de certains.* »

Sandra, qui a traversé une période de crise après la perte d'un être cher, a trouvé du réconfort en rejoignant un groupe de prière. « *Écouter les témoignages de ceux qui avaient également traversé des nuits sombres et qui parlaient de la bonté de Dieu a transformé ma douleur en espoir. J'ai appris que je n'étais pas seule et que, ensemble, nous traversions ces luttes* », partage-t-elle.

4. S'ACCROCHER AUX PROMESSES DE DIEU

S'accrocher aux promesses de Dieu est essentiel pour se rétablir après la nuit. Les Écritures regorgent de promesses de réconfort et de restauration qui peuvent servir de phare dans l'obscurité. Par exemple, dans Psaume 30:5, on lit : « *Le soir arrive, et c'est la nuit que l'on pleure, mais le matin vient avec l'allégresse.* » Cette promesse de l'allégresse matinale réaffirme la certitude que chaque nuit a une fin, et que la lumière du matin finira par survenir.

Un témoignage inspirant vient de Lucas, un homme qui a lutté contre l'addiction pendant des années. Après des nuits de désespoir et de rechutes, il a décidé de se concentrer sur la promesse de la liberté offerte par Christ. « *Je me suis accroché à des versets comme Jean 8:36 : "Si donc le Fils vous fréliber, vous serez réellement libres." Cela m'a donné la force de continuer à me battre et de chercher de l'aide, jusqu'à ce que la lumière de la rédemption brille en moi* », témoigne-t-il.

5. LA LUMIÈRE APRÈS LA NUIT : UN NOUVEAU COMMENCEMENT

Finalement, le rétablissement spirituel après la nuit conduit à un nouveau commencement. Lorsque l'on traverse l'obscurité et que l'on en sort, on est souvent transformé et renouvelé. Jésus lui-même a parlé du passage de la mort à la vie en utilisant l'image de la nuit qui cède le pas à la lumière. Dans 2 Corinthiens 5:17, Paul déclare : « ***Si quelqu'un est en Christ, il est une nouvelle création. Les choses anciennes sont passées ; voici, toutes choses sont devenues nouvelles.*** »

L'expérience de Bill, un homme qui a perdu son emploi et a traversé une période d'incertitude financière, illustre cette transformation. Après avoir prié et demandé du soutien, il a fini par reconsidérer ses priorités et a découvert une passion qu'il n'avait jamais eue pour l'évangélisation. « ***Les nuits les plus sombres m'ont forcé à chercher ce qui était vraiment important. Maintenant, je sers dans ma communauté et partage mon témoignage avec d'autres. Ce qui semblait être un échec s'est transformé en un nouveau début*** », explique-t-il.

CONCLUSION PARTIELLE

Nous avons examiné le processus de rétablissement spirituel après avoir traversé des épreuves nocturnes. Reconnaître la nuit comme une épreuve nécessaire permet de voir la lumière et les promesses de Dieu, tout en cherchant la communauté pour un soutien spirituel. Comment les épreuves peuvent-elles renforcer notre foi et nous conduire vers un nouveau commencement ?

Chapitre 13 : L'OMBRE ET LA LUMIÈRE

Dans la vie spirituelle, l'ombre et la lumière représentent des éléments essentiels de notre parcours de foi. Les moments de ténèbres sont souvent perçus comme des périodes difficiles, pleines de douleur et de perte, tandis que les jours ensoleillés sont attribués à la joie et à la bénédiction. Cependant, embrasser la dualité de l'ombre et de la lumière peut nous offrir une perspective transformante sur notre relation avec Dieu.

Ce chapitre explore l'importance d'accepter les temps sombres de la vie comme des opportunités de croissance et de rapprochement avec le créateur.

1. LA NATURE DES OMBRES

Les Ombres font partie intégrante de notre expérience humaine. Dans Psaume 23:4, David écrit : « ***Même quand je marcherais dans la vallée de l'ombre de la mort, je ne craindrais aucun mal, car tu es avec moi ; ta houlette et ton bâton me rassurent.*** » Cette image puissante décrit les moments de vulnérabilité et d'incertitude, illustrant que les périodes sombres ne sont pas à éviter, mais plutôt à affronter avec courage et foi. Les ombres évoquent souvent des luttes personnelles, des épreuves, et des pertes. Elles peuvent également symboliser des moments de doute et de remise en question de notre foi.

Accepter ces ombres, c'est reconnaître que la souffrance fait partie de la condition humaine et qu'elle peut conduire à une plus grande intimité avec Dieu. Dans ces périodes difficiles, le croyant est souvent poussé à chercher la présence de Dieu et à s'ouvrir à Sa guidance.

2. LA LUMIÈRE DANS L'OBSCURITÉ

La lumière, d'un autre côté, symbolise l'espoir, la guérison, et la révélation divine. Jésus Lui-même se décrit comme la lumière du monde dans Jean 8:12, affirmant : « *Je suis la lumière du monde. Celui qui me suit ne marchera point dans les ténèbres, mais aura la lumière de la vie.* » Dans ce contexte, la lumière de Christ illumine les ombres de nos vies, et c'est en cherchant cette lumière que nous pouvons naviguer dans les périodes sombres.

Les moments de lumière ne se manifestent pas uniquement après l'ombre ; ils se trouvent également en elle. Parfois, c'est dans la lutte que nous découvrons la vérité, que nous grandissons spirituellement, et que notre foi est affinée. Le processus de purification à travers l'épreuve transforme notre caractère, comme évoqué dans Romains 5:3-5, où Paul parle de la manière dont les souffrances produisent la persévérance, puis la victoire et l'espérance.

3. LES OMBRES COMME OPPORTUNITÉS DE CROISSANCE

Lorsqu'on traverse des périodes sombres, il est crucial de reconnaitre qu'elles ne sont pas des fins en soi, mais des passages. Ces temps de lutte invitent à une introspection, où le croyant est confronté à des vérités profondes sur lui-même et sur sa relation avec Dieu. Dans Jacques 1:2-4, il est écrit : « ***Mes frères, regardez comme un sujet de joie complète les diverses épreuves auxquelles vous pouvez être exposés, sachant que l'épreuve de votre foi produit la persévérance.*** » Les épreuves sont donc une étape de purification et de renforcement de notre foi.

Les grandes figures de la foi dans l'histoire, telles que Job, ont expérimenté des ombres profondes, mais ont aussi découvert dans ces épreuves une reliance et une proximité avec Dieu qu'ils n'auraient pas connue autrement. Même au milieu de ses souffrances, Job a pu dire : « ***Je sais que mon rédempteur est vivant*** » (Job 19:25), renforçant ainsi l'idée que la lumière peut encore briller dans les moments les plus sombres.

4. SE RAPPROCHER DE DIEU DANS L'OMBRE

Les temps d'obscurité nous poussent souvent à nous rapprocher de Dieu de manière plus intense. Dans Psaume 42:5, l'auteur s'interroge : « *Pourquoi es-tu abattue, ô mon âme, et pourquoi gémis-tu en moi ? Espère en Dieu !* » Cette quête de Dieu dans les temps réceptifs d'ombre souligne l'importance de maintenir notre foi et notre espoir face aux adversités.

La proximité de Dieu dans la douleur est une promesse que le croyant peut embrasser. Les « *ombres* » deviennent alors des espaces sacrés où l'intimité avec Dieu se développe, où les prières sont crues et les cœurs se dévoilent. Ce rapprochement n'est pas une simple consolation, mais une transformation. En acceptant nos luttes, nous nous ouvrons à une expérience plus riche de la souffrance de Dieu et de Sa miséricorde.

5. LE MATIN, COMME L'ESPÉRANCE DE LA RÉSURRECTION ET DE LA RÉDEMPTION

Dans le contexte de votre livre *Les batailles de la nuit*, le concept de "**l'espérance du matin**" revêt une profondeur riche en significations spirituelles, symbolisant la résurrection et la rédemption. Alors que la nuit représente souvent les luttes, les souffrances et l'incertitude, le matin incarne une lumière nouvelle, un renouvellement et un espoir qui surgissent après l'obscurité.

A. SYMBOLISME DE L'ESPÉRANCE DU MATIN

L'espérance du matin se manifeste lorsque le jour se lève, apportant lumière et chaleur. Sur le plan spirituel, cela évoque la promesse de la résurrection. Dans de nombreuses traditions religieuses, le matin est le moment où les ténèbres cèdent la place à la lumière, symbolisant ainsi le triomphe de la vie sur la mort et du bien sur le mal.

La résurrection est un thème fondamental dans le christianisme, où elle représente la victoire de Jésus-Christ sur la mort à travers sa résurrection le matin de Pâques. Cet événement est considéré comme la fondation de la foi chrétienne, car il promet aux croyants la possibilité d'une vie éternelle.

2. L'ÉTOILE DU MATIN

Un autre symbole puissant associé à l'espérance du matin est celui de l'étoile du matin. Dans le Livre de l'Apocalypse, Jésus est désigné comme *"l'Étoile radieuse du matin"* (Apocalypse 22:16), une métaphore qui incarne la lumière divine et l'espoir qui illumine l'obscurité du monde. L'étoile du matin, avant le lever du soleil, représente la première lueur de lumière, annonçant un nouveau jour, et par extension, un nouveau commencement.

Spirituellement, l'étoile du matin symbolise la :

- ***Guidance et Orientation :*** L'étoile du matin est perçue comme un guide qui appelle les fidèles à tenir ferme dans la foi, même dans les moments de désespoir.

- ***Promesse de Rédemption :*** Elle est également un symbole de rédemption, annonçant que, même lorsque la nuit semble sans fin, l'espoir et la restauration sont possibles.

CONCLUSION PARTIELLE

Ce dernier chapitre conclut avec une réflexion profonde sur la nature des ombres et la lumière qui émerge d'elles. L'ombre est présentée comme une métonymie des épreuves et des défis, offrant des opportunités de croissance spirituelle. Nous découvrons que le matin représente l'espoir de la résurrection et de la rédemption, reflet de notre quête vers la lumière divine. Quel est le rôle des ombres dans notre parcours spirituel et comment pouvons-nous davantage embrasser la lumière qui en émerge ?

CONCLUSION GENERALE

Les batailles de la nuit propose une exploration approfondie des luttes spirituelles que chaque individu rencontre dans sa vie, tout en illuminant les promesses de lumière et de rédemption qui émergent de l'obscurité. À travers une structure méthodique, nous avons examiné la signification de la nuit dans différents contextes — biblique, spirituel et culturel — mettant en lumière son rôle comme symbole de lutte, de transit et de révélation.

Les divers chapitres de ce livre révèlent que les expériences nocturnes ne sont pas uniquement des moments de solitude ou de confusion. Ils se révèlent être des temps de transformation profonde, où par le biais de la prière, de la méditation et de la communion spirituelle, on peut vaincre les ombres qui menacent de peser sur l'âme. Les passages sur les batailles spirituelles évoquent l'importance de reconnaître ces luttes comme des opportunités de croissance et de résilience. La nuit devient ainsi un champ de bataille où se joue le triomphe du bien sur le mal, de l'espoir sur le désespoir.

En revanche, le matin et l'étoile du matin symbolisent la résurrection et l'espérance, rappelant que chaque épreuve nocturne finit par conduire à une nouvelle aube. Ces thèmes de rédemption et de renouvellement soulignent que, même dans les moments les plus sombres, il existe une promesse de lumière, d'amour et de grâce divines. C'est cette lumière qui éclaire notre chemin, qui nourrit notre foi et nous pousse vers l'avant, nous incitant à persévérer dans nos luttes avec courage et détermination.

Ce livre cherche donc à inspirer les lecteurs à embrasser leurs nuits, à comprendre qu'elles font partie intégrante d'un voyage spirituel plus vaste. Chaque bataille est un prélude à la victoire, chaque nuit une promesse d'aube. À travers l'exploration de la nuit, de la prière, de la communauté et des luttes, les lecteurs sont invités à puiser force et espoir, à se rapprocher de Dieu, et à se préparer à accueillir la lumière qui vient — un nouveau commencement rempli de potentialité et de promesses.

Finalement, ***Les batailles de la nuit*** offre un rappel poignant : même dans les moments d'angoisse, de solitude ou de désespoir, l'espérance du matin reste présente, éclairant notre chemin vers la résurrection, la rédemption, et un avenir empli de grâce divine.

BIBLIOGRAPHIE

OUVRAGES CLASSIQUES

1. Augustin d'Hippone. Les Confessions. Éditions du Cerf, 2001.

2. John Calvin. Institutions de la religion chrétienne. Éditions Olivétan, 2014.

3. La Sainte Bible. Traduction Louis Segond. Éditions Bibliques, 1910.

4. Martin Luther. Les 95 Thèses. Éditions Saint-Augustin, 1998.

5. Thomas d'Aquin. Somme Théologique. Éditions Scepus, 1991.

OUVRAGES THÉOLOGIQUES ET BIBLIQUES

1. **C. H. Spurgeon,** *The Power of Prayer: A Collection of Sermons on the Theme of Prayer* (Select Books, 1995).

2. **J. C. de Moor,** *The Dreams of Joseph and Daniel* (Brill, 2007).

3. **R. A. Aitken,** *Praying through the Night: A Guide to Nocturnal Worship* (Dove Christian Publishers, 2019).

4. **S. A. McCauley,** *Dreams and Dreaming in the Bible* (InterVarsity Press, 2011).

OUVRAGES ET AUTEURS LUS

1. **A. A. Clowney,** *The Shadow of the Almighty: God's Protection in Times of Darkness* (Crossway Books, 2001).

2. A.W. Tozer. La connaissance de Dieu. Éditions Oasis, 2016.

3. **B. E. A. Finley,** *Battlefield of the Mind: The Work of Angels and Spiritual Warfare* (Thomas Nelson, 2001).

4. **C. W. N. Tyndale,** *Spiritual Warfare: Overcoming the Dark Nights of the Soul* (Destiny Image Publishers, 2012).

5. C.S. Lewis. Le problème de la souffrance. Éditions de l'Inconnu, 2011.

5. Charles Spurgeon. La Parole de Dieu la nuit. Éditions Clé, 2015.

6. **D. M. Turner,** *Growth in Shadows: Embracing the Dark Times* (Eerdmans, 2020).

7. **E. B. F. Robinson,** *Night Visions: The Sacred and Profane in Ecclesiastes* (T&T Clark, 2009).

8. **G. B. Shaw,** *Complete Works of John Milton* (Oxford University Press, 2007).

9. **H. N. Wright,** *Prayer: The Great Adventure* (Multnomah, 1997).

10. Héctor V. A. Les Équilibres spirituels dans la nuit. Éditions Évangéliques, 2020.

11. **J. P. Smith,** *Seeking God at Midnight: The Power of Night-time Prayer* (Faith Publishing, 2015).

12. **J. R. L. Mason,** *After the Darkness: Finding Transformation through Adversity* (Hope Publishing, 2019).

13. **M. M. McDonagh,** *Night Prayer: The Book of Common Prayer for Evening Prayer* (Church Publishing Incorporated, 2005).

14. **M. M. Sweeney,** *Mystical Writings: A Study of the Literature of Faith* (HarperCollins, 2003).

15. **M. M. Walker,** *Why We Sleep: Unlocking the Power of Sleep and Dreams* (Scribner, 2017).

16. **M. W. H. Moore,** *The Dark Night of the Soul: A Psychological Perspective* (University Press, 2008).

17. **N. C. L. Keith,** *Light in the Darkness: Biblical Reflections on Life's Struggles* (Paternoster, 2015).

18. **P. E. Gorman,** *Angels and Demons: A Spiritual Warfare Guide* (Zondervan, 2014).

19. **R. J. McCarthy,** *Rituals of the Night: The Sacred and the Secular* (Oxford University Press, 2016).

20. **R. W. M. Leith,** *Spiritual Struggles: The Way of the Cross in the Dark Night of the Soul* (Eerdmans, 1993).

21. **R. W. Palmer,** *Emerging from the Night: Personal Testimonies of Spiritual Recovery* (Faithful Press, 2021).

22. **S. E. Parker,** *The Poetry of Darkness: Spiritual Themes in the Works of Milton* (Literary Press, 1998).

23. **S. G. C. Brooks,** *The Psychology of Sleep: Effects on Spiritual Health* (Springer, 2018).

24. **T. E. Caulfield,** *Feasts of Faith: Celebrations in Time and Space* (Local Press, 2010).

25. Watchman Nee. La vie chrétienne normale. Éditions de la Foi, 1982.

26. **Freud, Sigmund.** *Die Traumdeutung* (La signification des rêves). 1900.

27. **Nietzsche, Friedrich.** *Also sprach Zarathustra* (Ainsi parlait Zarathoustra). 1883-1885.

28. **Saint-Exupéry, Antoine de.** *Le Petit Prince.* Édition originale : 1943.

29. **Clausewitz, Carl von.** *De la guerre* (en allemand : "Über den Krieg"). Première édition en 1832.

COURS INÉDITS

1. Théologie Pratique. Cours en ligne proposé par l'Institut de Théologie de Paris, 2022.
2. Stratégies Spirituelles pour la Nuit. Séminaire donné à l'Église Évangélique de Bordeaux, janvier 2023.
3. Interprétation des Songes selon la Bible. Webinaire animé par un groupe d'études bibliques, octobre 2021.

WEBOGRAPHIE

1. Bibliothèque Numérique de la Théologie. Accédé sur www.bibliotheque-theologique.com , consulté le 3 janvier 2025.
2. Centre d'Études de la Spiritualité. Accédé sur www.spiritualite.com, consulté le 3 janvier 2025.
3. Réfléxions Bibliques et Théologiques. Accédé sur www.reflexions-bibliques.com , consulté le 3 janvier 2025.

MIX
Papier aus verantwortungsvollen Quellen
Paper from responsible sources
FSC® C105338

Printed by Books on Demand GmbH, Norderstedt / Germany